AF235459

Eén zien
Eén weten
Eén liefde

Andreas Müller over Meester Eckhart

Impressum

Bibliografische Information der Deutschen Nationalbibliothek: Die Deutsche Nationalbibliothek verzeichnet diese Publikation in der Deutschen Nationalbibliografie; detaillierte bibliografische Daten sind im Internet über www.dnb.de abrufbar.

Herstellung und Verlag:
BoD – Books on Demand, Norderstedt

ISBN: 9783755732563

Inhoud

Deze boodschap

" Wie deze boodschap niet begrijpt, die bezwaart zijn hart niet daarmee. Want zolang de mens niet gelijk deze waarheid is, zolang zal hij deze woorden niet begrijpen. Want het is deze onverhulde waarheid, die rechtstreeks is gekomen uit het hart van God."[1]

∞

Deze boodschap is een onpersoonlijke boodschap. Ze behoort niemand toe en ze spreekt tot niemand. Ze is rechtstreeks. Ze meent wat ze zegt en toch blijft ze leeg. Ze bevat geen methode, er is niets in haar wat herkend zou moeten worden.

Ik weet dat het bij Meester Eckhart telkens weer zo lijkt alsof daar iets te vinden is. Telkens weer komt het zo over, alsof daar iemand op een juiste 'wijze' zou kunnen zijn. Of en hoe Eckhart dat heeft bedoeld, blijft speculatie. En toch schijnen sommige van zijn woorden met mij te resoneren.

Niettemin - er bestond geen Meester Eckhart, net zomin dat er zoiets als ik besta of welke afzonderlijke instantie ook bestaat. Deze woorden hebben geen betekenis, er bestaat daarom geen reden zich deze eigen te maken of zich eraan vast te houden. Ze lijken als een gezang, wie het hoort kan vreugde ondergaan.

Zij die het niet horen, houden zich er niet mee op.
Noch is er iets te vinden noch iets te verliezen. Dat wat schijnbaar gebeurt, is op natuurlijke wijze alles. Dat is de vreugde - de vreugde die niemand bezit en gelijktijdig alles is. Dat is hetgeen waarover deze woorden gaan en toch voegen ze daar niets aan toe.

Meester Eckhart

V: Je wilde een boek schrijven over Meester Eckhart ..

A: ... of in ieder geval iets over hem vertellen.

V: Wat is daarvan geworden?

A: Dit kleine boekwerkje. Het begin was moeilijk. Toen ik het werk "Preken en Traktaten" doorlas, ontdekte ik dat alles wat ik erover zou kunnen zeggen daar al staat. De inzichten die ik van commentaar wilde voorzien, waren en zijn zo uitgesproken dat er niet veel overbleef om aan toe te voegen. En toch is er iets tot stand gekomen. Het is verbazingwekkend wat deze Dominicaanse monnik destijds wel niet heeft gezegd zonder dat hij serieuze problemen kreeg.

V: Is hij dan niet berecht?

A: Jawel, aan het eind van zijn leven of zelfs nog wat later. Eigenlijk ging het lange tijd goed en het is verbazingwekkend dat hij enkel voor 28 uitspraken of stellingen werd veroordeeld. Postuum, want hij is nog voor deze veroordeling gestorven.

V: Wat zegt hij dan zo uitgesproken?

A: Bijvoorbeeld dat niemand aanwezig is. En dat God

veeleer een niet God is, en dat bestaan veeleer niet bestaan is.

V: Dat de kerk zich daar niet helemaal in kon vinden is misschien begrijpelijk. Maar jij kunt je er wel in vinden?

A: In ieder geval stemt zijn zienswijze met mijn lezing overeen. Als voorbeeld: er bestaat geen waarneembare realiteit. We leven in een absoluut blind onderweg zijn, net als het gehele schijnbare universum. Wat daarop berust dat de waarnemer zelf illusionair is. Enkel het spreken van een waarnemer die op welke wijze ook bestaat - werkelijk, onwerkelijk, illusionair -, kan de indruk geven dat er zoiets bestaat.
Maar dat bestaat er niet, daar is niemand. Er bestaat geen waarnemer, geen gescheiden gewaarzijn. En omdat gewaarzijn niet werkelijk is, kan dat wat betuigd wordt ook niet werkelijk betuigd worden! Dat wat is, is absoluut blind voor zichzelf.

V: Je denkt dat Meester Eckhart dat heeft bedoeld toen hij zei dat bestaan veeleer een niet bestaan is?

A: Ja, de schijnbaar zo alledaagse aanwezigheidservaring heeft geen substantie.

V: Moet ik dit begrijpen? Of kan ik met Eckhart instemmen: wie dit niet begrijpt, die bezwaart zijn hart daarmee niet?

A: Werkelijk hierover spreken kan niemand. Omdat

hier schijnbaar van kan worden getuigd, moet zich deze schijnbare illusie oplossen.

Ik ken iemand die zijn leven lang spiritueel zoekende was. Hij had veel meegemaakt en de laatste jaren bracht hij door met de ervaring van het gewaarzijn. Het was in zekere zin alsof hem enkel dat was gebleven na jarenlang zoeken. Daarna probeerde hij deze gewaarzijns ervaring te verenigen met de boodschap van niet dualiteit. Hij veronderstelde dat ook ik de gewaarzijns ervaring als 'natuurlijke realiteit' herkende en dat ik probeerde deze in mijn eigen woorden om te zetten.

En toen, plotseling en onverwacht, was ook het gewaarzijn nog verdwenen. Pats boem, zomaar. Het was noch een groots gebeuren noch was het een grote verandering, toch kwam hiermee het zoeken ten einde. Evenmin had het zoeken iets gebracht, noch is daar een ervaring van aankomen geweest. Veel eerder is de gewaarzijns ervaring- of aanwezigheidservaring niet bestaand gebleken. Ik kan het niet uitleggen, noch klinkt het logisch. Als ze uitdooft, dooft ze gewoon uit. Dan kan ook van niets anders meer worden getuigd.

V: Ook Eckhart kan hier niets over uitleggen…

A: Eckhart kan het niet uitleggen en ik kan het niet uitleggen, omdat er helemaal niets bestaat om uit te leggen. Gezien de aanwezigheids ervaring niet echt is kan men aanwezigheid onmogelijk verklaren. Omgekeerd heeft men om een reële omstandigheid te verklaren, een reëel aanwezig zijn nodig. Hetgeen zich als in een cirkel ronddraait.

De afwezigheid van 'ik ben' is geen nieuwe omstandigheid waarvan men zich bewust zou kunnen zijn. Dat is de crux; daar is niemand die weet, die beleeft, die bevestigt- of zou kunnen ontkennen. Er bestaat geen verklaring ongeacht voor wat het ook mag zijn. En dat is de vrijheid.

Zolang je niet gelijk deze waarheid bent, zolang zul je deze boodschap niet begrijpen.

V: Je kun me wat!

Naar niets streven

"Zij die naar niets streven, noch naar eer noch naar profijt noch naar innerlijke toewijding noch naar beloning, noch naar het hemelrijk, maar van dit alles hebben afgezien, ook van dat wat het eigene is -, in deze mensen wordt God geëerd."[2]

∞

V: Naar niets streven, van alles afzien... wie zou dat doen?

A: Niemand, het is onmogelijk. Maar bevrijding is het einde van de zoekende en gelijk het einde van het zoeken, in Eckharts woorden het streven. Bevrijding is niet het resultaat van afstand nemen of afzien van. Of als het resultaat van streven, zij is geen vinden na een succesvol zoeken. Bevrijding is de schijnbare ineenstorting van de zoekende in de verrassende vanzelfsprekendheid, dat er niemand bestaat. Het afzien van alles is het einde van de zoekende op zich. Het is niet enkel het eind van het zoeken in zogenaamde materiele zaken, maar ook het zoeken naar spirituele doelen. Toewijding, verlichting, bevrijding, opgaan in God, achter al deze doelen verbergt zich het egocentrische. In de hoop het eigen bestaan op te geven en bij die gelegenheid één te worden met God, bevindt zich niets anders dan zelfverheerlijking.

V: En in welke mensen wordt, zoals Meester Eckhart het zegt, "God geëerd"?

A: In niemand. In God geëerd worden betekent dat volledigheid de natuurlijke realiteit is. Deze natuurlijke realiteit wordt noch ontdekt noch bereikt. Ze wordt evenmin ervaren noch niet ervaren. Ze is dat wat blijft wanneer de ervarende niet blijkt te bestaan.

God herleiden

"Telkens wanneer nu de ziel vanuit deze kracht beeldend waarneemt, of het nu het beeld van een engel betreft, of zich zijn eigen beeld waarneemt, is daar iets onvolkomens aan. Neemt ze (zelf) God zo waar zoals hij God is, of zoals hij beeltenis of drie-eenheid is, dan is daar iets onvolkomens aan. Wanneer echter de ziel van iedere beeltenis is ontdaan en zij enkel het enige ene waarneemt, dan vindt het zuivere zijn de ziel, herleid en rustend in zichzelf. Het zuivere vormenvrij zijn van Goddelijke eenheid, dat een ieder zijn ontstijgend zijn is. Oh wonder der wonderen, welke edel herleiden is het wanneer het zijn van de ziel niets anders herleiden kan dan enkel de zuiver Goddelijke eenheid!"[3]

∞

V: Wanneer de ziel van iedere beeltenis is ontdaan…

A: Ja, hier is sprake van datgene wat ik bevrijding noem; het einde van de illusie dat er zoiets bestaat als een afzonderlijke op zich staande persoon. Het zuivere vormenvrije zijn van Goddelijke eenheid - dat betekent: deze vrijheid is evenmin mentaal, emotioneel, noch energetisch te ervaren - ofwel vormenvrij. Zo'n bevrijding is naderbij dan ieder ervaren. Wat dit echter - de ziel van iedere beeltenis ontdaan - tot gevolg kan hebben is een schijnbare mentale en emotionele bevrijding binnen het persoonlijk levensverhaal. Zo blijken veel gedachten en emotionele patronen, neurosen en trauma's, in betrekking te staan tot de belevenis een op zich staande persoon te zijn. Als relaas of vertelling zou men kunnen zeggen dat er zoiets bestaat als een wisselwerking tussen de belevenis een persoon te zijn en opkomende gedachten en emoties.

Valt de illusie van afzondering eenmaal uiteen, of in de woorden van Eckhart: wanneer de ziel enkel het enige ene waarneemt, dan vindt er binnen het persoonlijk relaas of vertelling zoiets plaats als een bevrijdingsproces dat beetje bij beetje alle mentale en emotionele verwevenheden ontbindt. Echter is dit schijnbare proces niet het essentiële punt. Het - schijnbaar! - essentiële punt is veel eerder of de illusie van een zelf-beleven dat is wat schijnbaar gebeurt of niet. Al het andere zijn eenvoudigweg symptomen van dit zelf beleven.

V: Wat zouden zulke symptomen kunnen zijn?

A: Een schijnbaar symptoom van afzondering bestaat uit een leven in verhalen en in het zoeken. Daarbij draait het hier om een volledige droomwereld; een schijnbaar energetisch roteren binnen de aanname een persoon te zijn, een cirkelen om de schijnproblemen, die de schijnpersoon gelooft te hebben. Het primaire probleem van de persoon is het zoeken naar blijvende persoonlijke vervulling. Echter draait het hier om een probleem dat nooit kan worden opgelost, omdat er noch een persoon bestaat, noch een toestand van persoonlijke vervulling.

V: En dat is waarover Meester Eckhart spreekt?

A: Ja, het ziet er voor mij zo uit alsof Meester Eckhart deze schijnbare bevrijding beschrijft - en in vele teksten verder uitwerkt wat deze bevrijding is, dan wel wat zij niet is. In dit opzicht werkt hij een natuurlijk Neti Neti uit (niet dit, niet dat). Wat met deze, "mijn" boodschap overeenkomt.

V: Bestaan er tekenen of symptomen van bevrijding?

A: Uiteindelijk betrekken alle symptomen zich op de ineenstorting van de kunstmatige structuur van de 'ik' ervaring. De ineenstorting van mentale en emotionele structuren zijn daarvan zo'n voorbeeld.

V: Ineenstorting van mentale en emotionele structuren klinkt onaangenaam.

A: Het is de ineenstorting van ieder idee aan psychologie. Psychologie ontpopt zich als natuurwetenschappelijke tegenhanger van spiritualiteit. Beide gaan uit van een innerlijke kern of een 'waar' centrum. In de spiritualiteit kan dat of de ziel zijn of zoiets als een zuiver gewaarzijn, terwijl in de psychologie de aanname bestaat van een reëel in het lichaam gevestigd ik. De hele psychomentale en psycho-emotionele structuur draait zich om dit beleven dat daar 'iemand' is. Ontpopt zich deze innerlijke kern eenmaal als illusie (bij Eckhart: wanneer de ziel van iedere beeltenis is ontdaan), ontpopt zich beetje bij beetje de hele structuur die om deze kern schijnt te draaien als illusionair. Ze lost op, desintegreert of valt af - in delen of compleet.

Misschien blijft het echter eenvoudig bij een oplossen (of 'desintegreren') van de structuur. Ik heb in ieder geval de indruk, dat ik dit zowel bij mijzelf, als ook bij diegene die ik als 'schijnbaar bevrijd' zou aanduiden, zo kan waarnemen. Wat blijft is, in de woorden van Eckhart: het zuiver, vormenvrij zijn.

V: Zo nu en dan beweer je dat dit alles enkel verhalen zijn.

A: Oh ja, noch besta ik, noch mensen die ik als bevrijd zou kunnen erkennen. Er bestaat evenmin een psychologische structuur noch een zich oplossen daarvan. Niets daarvan is werkelijk of van betekenis.

V: Ja, wat is het dan nu?

A: Er is niets wat iets uitmaakt, alles blijft zonder gevolg. Dat wat schijnbaar gebeurt is alles.

V: Meester Eckhart zegt dat 'zelfs wanneer de ziel het goddelijke waarneemt, dan is daar iets onvolkomens aan'

A: Hij beschrijft dat elk waarnemen illusionair is, dat iedere gewaarzijns ervaring verbonden is met een belevenis van onvolkomenheid. Zowel de fijnste zelf ervaring - de ziel die zijn eigen beeld waarneemt - als ook een - eenheids of Gods ervaring -, zijn persoonlijke ervaringen. En daarom gaan deze ervaringen samen met een gevoel van onvolkomenheid.

V: Kan het zijn dat hij met zulke raadsels zolang ongeschonden is weggekomen, omdat niemand deze heeft begrepen? Wat betekent dat de ziel enkel het 'enige ene' kan waarnemen, wanneer deze van iedere beeltenis is ontdaan?

A: Als er eenvoudigweg enkel waarnemen is, dan het dat wat schijnbaar gebeurt. Daarbij wordt niet werkelijk 'iets' gezien. Dan bestaat er noch een voorstelling van de waarnemer noch van het waargenomene. Dan vindt het zuivere zijn de ziel, herleid en rustend in zichzelf, het zuivere vormenvrij zijn van Goddelijke eenheid, dat een ieder zijn ontstijgend zijn is. Dan is alles niet-iets. Ik zeg hiermee niet dat er werkelijk iets reëels wordt gevonden. In het wegsmelten van iedere beeltenis - in het wegsmelten van ieder zelf beleven - ontpopt zich dat wat is als volledig. Het ontpopt zich als 'alles', vormloos en onafgescheiden. Waarop het zich op natuurlijke wijze ontpopt, terwijl het precies datgene blijft wat het al is. Het lichaam, gedachten, gevoelens, de wereld, bomen, zijn vormloos en onafgescheiden. Desalniettemin voor niemand!

V: Of toch voor iemand? Eckhart zegt toch dat de ziel de enig ware eenheid God herleid?

A: Wanneer de illusie van zelf gewaarzijn uitdooft, blijft enkel en alleen de natuurlijke realiteit. Ze wordt noch gevonden noch gerealiseerd. Ze is eenvoudig dat wat schijnbaar gebeurt. 'Men' is quasi kansloos, want er blijft niets anders over dan het naakte 'niet-iets' zijn. Niet-iets herleid zichzelf zo te zeggen. Het kan noch zichzelf vinden, noch zichzelf ontkomen, noch kan het ooit iets anders worden. Maar: er bestaat geen 'ding of iets', als zijnde deze 'niet-iets'. Het is eenvoudig dat wat schijnbaar gebeurt.   Dat wij hier bijeen zitten en met elkaar praten, is de natuurlijke, onbekende en vormloze realiteit, die niet vindbaar is omdat ze al is. Die niet realiseerbaar is, omdat er niet zoiets bestaat, dat het vermogen tot een aanvullende realisatie in zich heeft. Daarom kon Meester Eckhart spreken over 'herleiden'.

V: Oké dan, met deze vorm van leiden ben ik het eens.

A: Oh ja!

Zichzelf laten

"Laat de mens eerst zichzelf,
dan heeft hij alles gelaten."[4]

∞

V: Kan men zichzelf laten?

A: Spirituele zoekers spannen zich in ieder geval hiervoor in, maar er bestaat niet niemand die dat zou kunnen doen.

V: Wat bedoelt Meester Eckhart hier dan mee?

A: Het zou kunnen dat hij ernaar verwijst, dat ieder zoeken nutteloos is zolang er 'iemand' is die zoekt. Bij wijze van uitzondering geldt in het omgekeerde, dat voor diegene 'die zichzelf laat', of zoals ik het zou zeggen: is eenmaal gebleken dat niemand aanwezig is, ieder zoeken tot een eind komt. Alle vragen worden overbodig in het wegsmelten van de illusie dat er een reëel persoon bestaat.

Meester Eckhart slaat de spijker op de kop; Ieder zoeken, ieder vragen naar de zin van het leven, ieder vragen naar volkomenheid, komt voort uit het ervaren een afzonderlijke instantie te zijn. In het persoonlijk levensverhaal zou men zich er eerst eens om kunnen bekommeren of de persoon die vervulling zoekt, überhaupt bestaat.

Het dilemma is immers dat überhaupt niemand aanwezig is, nog voor aanvang van het zoeken is er niet iets aanwezig dat dat op zoek zou moeten of zou kunnen gaan. Het dilemma is dus dat er geen dilemma bestaat.

V: Laten we dat zo.

God gewaarzijn

"Opdat de ziel God gewaar kan worden, moet zij zichzelf vergeten en zichzelf verliezen. Want zolang zij zichzelf ziet en weet, zolang is zij God niet gewaar."[5]

∞

A: Zolang er een zelfbeleving aanwezig is - een zichzelf zien en van zichzelf weten - vindt er schijnbare scheiding plaats.

V: En dan bestaat er ook geen gewaar worden van God?

A: Er bestaat geen ziel die zich God gewaar zou kunnen zijn. Daarom moet de ziel zichzelf verliezen. Het is het terugvallen van het gewaarzijn in het onbekende; het opgaan van gescheiden beleving in de afwezigheid.

V: Wat dus betekend; "opdat de ziel God gewaar kan worden"?

A: Eckhart zal de bevrijding bedoelen - die schijnbare vanzelfsprekendheid dat harmonie de natuurlijke realiteit is. Maar: geen persoon, niemand die zich hiervan reëel gewaar is. Er bestaat geen ervaren van deze harmonie.

V: Geen persoon, niemand, schijnbaar, niet-iets…

A: Wanneer je met mij in gesprek bent, is er een onmiddellijk antwoord. Deze boodschap is aan de ene kant dat wat schijnbaar gebeurt. Aan de andere kant komt dit niet vanuit een gescheiden of reëel gewaarzijn. Een omschrijving is "opdat de ziel God gewaar kan worden".
Dat wat is, is er om als dat wat is herkend te worden. Echter schijnbaar, want er wordt noch iets herkend, noch bestaat daarvan een reëel gewaarzijn. In deze zin is gewaarzijn blind voor dat wat schijnbaar gebeurt. Ook deze vanzelfsprekendheid is schijnbaar, want er wordt niets werkelijk vanzelfsprekend. En toch: datgene waarover wij hier praten is niet verborgen, want het is dat wat schijnbaar gebeurt.

V: Zullen we Meester Eckhart eens bellen om te vragen wat hij hierop zegt?

A: We kunnen het proberen, maar ik neem aan dat niemand aanwezig is.

Hoe van God te houden?

"Hoe zou ik God kunnen liefhebben?" Je moet God zonder zelfbeeld liefhebben, dat wil zeggen, vanuit een ziel ledig of ontdaan van iedere bewustzijnsvorm of geest. Want zolang de ziel of geest vorm bezit, zolang heeft deze beelden. Zolang zij echter beelden heeft is zij zoekende; zolang zij zoekende is kent zij geen eenheid nog eenvoud. Zolang zij geen eenvoud kent, tot dan heeft zij God (nog) nooit werkelijk liefgehad, want werkelijk liefhebben hangt samen met unanimiteit. Vandaar moet de ziel ledig zijn van ieder zelfbeeld, zelfloos zijn. Want van God houden als zijnde hij God is, als zijnde hij geest is, als zijnde hij persoon is, als zijnde hij welk beeld ook is, dat alles moet verdwijnen.

"Maar hoe dan zou ik hem liefhebben?" Je moet hem liefhebben als zijnde hij niet God is, niet geest is, hij niet persoon is, niet als zijnde welk beeld ook is; Maar veeleer als een zuiver, helder en onmiskenbaar één zijn, ontdaan van ieder twee zijn. En in dit ene voor eeuwig te verzinken van iets naar niets. Daarin helpe ons God. Amen."[6]

∞

V: In dit ene verzinken. Eén worden, ja dat is precies waarom het gaat!

A: Je kunt niet één worden, want er is immers

niemand aanwezig. De zelfervaring - de ervaring, 'aanwezig' te zijn - is illusionair. Ze heeft geen substantie, wat zoveel betekent als 'daar is niemand'. De schijnbare persoon is enkel dit - zelf beleven - . Ze ervaart zichzelf als 'iets'. Zichzelf als 'iets' te beleven is het schijnbaar beleefde gescheiden zijn van God. En zo lijkt er iets te bestaan, dat afgescheiden is van dat wat schijnbaar gebeurt. Dan bestaat er 'ik' en 'iets anders'. En dan wordt de wereld vanuit een gescheiden standpunt waargenomen. Men leeft 'in beelden', in het waarnemen van dingen.

V: Ja, precies en daarom klinkt de formulering van Meister Eckhart -"in dit ene voor eeuwig te verzinken "- ook zo betekenisvol!

A: Ja, vanuit het beleven van afzondering ontstaat de aanname, dat er een weg terug bestaat naar heelheid of eenheid. Er ontstaat de aanname dat er stappen en treden bestaan, methoden en technieken. Zolang dit zelf beleven schijnt te bestaan, aanbid men 'dingen' - ideeën en voorstellingen, een bepaalde levenswijze, een priester, een Guru, het geld, Boeddha of Jezus. De schijnbare persoon hoopt dat deze 'dingen' bemiddelend werken op de weg naar persoonlijke vervulling.

Dat is de illusie. Zij komt voort uit het ervaren dat men 'iets' is - een zelf dat zichzelf ervaart en zijn aanwezigheid gewaar is. Een zelf dat zijn weg terug moet vinden naar volkomenheid. Waar hier echter bericht van wordt gegeven, is dat niemand aanwezig is.

Niet enkel de ideeën en voorstellingen waarin de persoon leeft zijn illusionair. Het hele beleven heeft geen substantie. Vandaar moet de ziel ontdaan zijn van ieder zelfbeeld.

V: Dus wanneer ik zonder ideeën en voorstellingen ben, kan ik één worden.

A: Je kunt niet één worden. Liefde is de natuurlijke realiteit, die noch kan worden bereikt noch kan worden gedaan. Valt de illusie dat daar 'iets' is uiteen, valt de aanname uiteen dat men gescheiden is van liefde.

Er bestaat geen God, geen persoon, geen beeltenis die men lief zou kunnen hebben. Liefde is de natuurlijke realiteit voor niemand. Hetgeen de bevrijding is die reeds aanwezig is.

De heerlijkheid is overal

"In ieder werk, ook in het kwaad, het kwaad als dat van straf evenzeer als in dat van zonde, straalt en openbaart zich in gelijke mate Gods heerlijkheid".[7]

∞

V: God straalt zelfs in het kwade...

A: Er bestaat evenmin een 'juist', noch een 'verkeerd', er bestaat noch iets binnen eenheid, noch bestaat er iets buiten eenheid. Er bestaat überhaupt geen eenheid als zodanig. Dat wat schijnbaar gebeurt is op natuurlijke wijze heel en in harmonie; voorbij aan goed of slecht, aan juist of verkeerd.

Dit kan niet worden gekend of zelfs maar worden ervaren. Het is geen theorie die men zich eigen zou kunnen maken - en toch is het een absolute verassing dat dat wat schijnbaar gebeurt, in zijn schijnbare 'zijn als het is' volledig is.

V: Waarom is nu het schijnbare 'zijn als het is' ook schijnbaar?

A: Omdat er niet zoiets bestaat is als een bewust of kenbaar 'zijn als het is'. Hoe het is, is onbekend omdat het niet wordt beleefd. Hoe dat, wat schijnbaar gebeurt werkelijk is, weet niemand. Vandaar bestaat er geen werkelijk 'zijn als het is'. Wat leven, ademen, voelen, rondlopen werkelijk is, blijft onbekend. Het is eenvoudig dat wat het is. Vrij van omstandigheden.

V: Wezenlijk, ook in het kwade straalt Gods heerlijkheid...

A: Hiervoor bestaat geen reden of verklaring. Harmonie is de natuurlijke realiteit, zonder grond en niet geschapen. De natuurlijke realiteit is onvoorwaardelijk en zonder oorzaak. Dat wat schijnbaar gebeurt is vrij van ontstaan en onvoorwaardelijk zichzelf.

Dat het in harmonie is, is niet als gevolg van iets. Het is niet in harmonie omdat het zinvol, goed of heilig is. Het is ook niet harmonieus omdat het naar een doel leidt. Harmonie of samenhang is volledig verassend en gelijktijdig absoluut gewoon.

V: Om het even wat komt, men moet het positief zien.

A: Nee, hetgeen waar wij hier over praten is geen concept. Het is niet een proberen iets mooi te praten of te verbergen achter een heilig idee. Dat wat schijnbaar gebeurt, heeft dat helemaal niet nodig. Dat wat schijnbaar gebeurt heeft geen transformatie nodig van verkeerd naar juist.

Het heeft geen antwoord nodig in het enkel zichzelf zijn. Niets kan en niets moet worden goedgemaakt.

Lijden heeft geen antwoord nodig, niet te worden goedgemaakt. 'Goedheid' is de natuurlijke realiteit.

V: Mee eens dat je dat ook compleet anders kunt zien?

A: Ja, zodra het zoeken naar een antwoord opduikt. Maar het lijden heeft geen antwoord nodig. Het kent evenmin zichzelf, noch heeft het welk idee ook over zichzelf. Het is eenvoudig zichzelf, net zoals iedere bloem, iedere steen, ieder dier, iedere gedachte en ieder gevoel al zichzelf is. Ook de schijnbare ervaring van afzondering is zichzelf, ook wanneer binnen dit beleven het zoeken naar een antwoord en een aankomen plaatsvindt. Echter: niemand komt aan want er is niemand onderweg. Er hoeft niemand aan te komen, want dat wat schijnbaar gebeurt is op blinde wijze al volledig.

V: Ook dat noch! Op 'blinde' wijze!

A: Omdat er niemand is die het als volledig ervaart. Niemand die het als volledig moet herkennen. Niemand die 'ziet'.

V: Vertel mij wat…

Noden en verlangens

"Ik heb onlangs nagedacht of ik eigenlijk iets zou willen ontvangen of verlangen van God. Ik wil dit zelfs goed overdenken, omdat waar ik zou ontvangen van God, ik onderhorig of ondergeschikt aan hem zou zijn als dienaar of knecht. Hij zelf zou in het geven echter zijn als een heer. En zo zou het met ons niet moeten zijn in het eeuwig leven"[8]

∞

V: Eckhart wilde niets ontvangen, omdat hij zich niet als ontvanger van aalmoezen wilde voelen?

A: Vrij van verlangens is de natuurlijke realiteit. Vervulling, heelheid, vrede, is de natuurlijke realiteit. Dat wat schijnbaar gebeurt, is al zonder verlangen zichzelf. Het heeft noch de afwezigheid van verlangens nodig, noch heeft het de vervulling van verlangens nodig.

V: Nodeloos zijn, soberheid, afstand nemen, het ideaal van de monnik. Heeft Eckhart het bereikt?

A: Nee, er is niemand daar om deze natuurlijke realiteit te bereiken. Verlangens zijn dat wat schijnbaar gebeurt. Mij betrapt men in de nacht bij de koelkast op zoek naar iets eetbaars. In het geval van honger en vermoeidheid word ik korzelig en is het geen aangenaam verblijf in mijn gezelschap. De behoefte aan harmonie en slaap is evenzo dat wat schijnbaar gebeurt als de gang naar het toilet. Maar de hoop en het verlangen om werkelijke persoonlijke vervulling te vinden in de schijnbare vervulling, ontpopt zich als illusionair.

V: Maar verlichting of ontwaken is toch een soort vervulling.

A: Nee, het is niet zo dat het verlangen in het eind van de ik-illusie vervult wordt of dat er een ervaring van deze vervulling bestaat. Hoop op en verlangen naar persoonlijke vervulling schijnen eenvoudig niet meer te gebeuren. Het zoeken naar persoonlijke vervulling eindigt in het moment waarin het schijnbare ik zich als illusionair ontpopt.

V: Dat is toch ook al iets!

A: Schijnbaar! De ervaring afgezonderd te zijn van het leven, afgezonderd van vrijheid en heelheid - deze ervaring dooft uit. De noodzaak die wordt gevoeld van het leven iets te moeten vragen, verdwijnt samen met de illusie dat er überhaupt iemand bestaat. Eenvoudigweg zo.
Er bestaat geen afzondering betekent op gelijke voet te staan met de natuurlijke realiteit. Er bestaat geen

afzondering betekent dat daar niemand is, die iets is kwijtgeraakt. Er bestaat geen afzondering betekent, dat daar niemand is die God kan aanspreken. Volgens Meester Eckhart: noch dienaar noch heer. Er bestaat geen hiërarchie.

V: Mee eens, ik ben bij je!

A: Evenmin jij noch ik, noch wie dan ook.

Niet-weten

"God is evenmin zijn noch weten, noch erkent hij dit of dat. Daarom is God ledig van alle dingen - en (juist) daarom is hij alle dingen. Wie nu arm van geest wil zijn, die moet arm zijn aan ieder weten over zichzelf zodat hij nergens weet van heeft. Noch van God, noch van de schepper, noch van zichzelf."[9]

∞

V: Leegte is vorm en vorm is leegte, volgens de Hartsoetra die aan Boeddha wordt toegeschreven, begrijpen doet dat echter niemand.

A: Wat gebeurt is werkelijk en onwerkelijk tegelijk. Het is ledig van alle dingen en toch is het alles.

V: Moet wie het ook mocht zijn dat begrijpen?

A: Nee, dat te begrijpen is noch nodig noch mogelijk. Het beschrijft de natuurlijke werkelijkheid. Deze kan evenmin worden geweten noch worden ervaren. Niemand 'daar' die dat zou kunnen.

V: Wat is de betekenis van deze uitspraak?

A: Zij betekent niets, zij komt nergens vandaan, het is een direct meedelen.

V: *Direct, maar bij twijfel vanuit datgene dat God wordt genoemd?*

A: Er bestaat geen overstijgende werkelijkheid als zijnde 'Goddelijk'. God is datgene wat schijnbaar gebeurt. Ik spreek soms over eenheid, maar ook die bestaat niet werkelijk. Er bestaat überhaupt geen mogelijke verklaring van de werkelijkheid. Enkel de veronderstelling alleen al dat er een bepaalde vorm van werkelijkheid bestaat, komt vanuit het weten. "Leegte is vorm en vorm is leegte" weet niet af van zichzelf. Dat wat schijnbaar gebeurt, weet niet af van zichzelf. Het weet noch wat het is, noch wie het is of dat het is. Het is eenvoudig. Schijnbaar.

V: *Niemand weet iets…*

A: Nee, dat wat schijnbaar gebeurt, is alles. Er bevindt zich noch iets achter, noch erboven of eronder. Er is ook niet iets binnenin of waar ergens anders ook. Desalniettemin is het niet-iets.

V: *Dus toch…*

A: "Niet-iets" betekent "leegte is vorm". En dat betekent dat God ledig is van alle dingen en gelijktijdig is hij alle dingen.

V: Spirituele leraren raden geregeld aan het weten terzijde te laten en van het denken af te zien.

A: Dat wordt hier niet bedoeld. Veel spirituele leraren geloven dat het persoonlijk levensverhaal het illusionaire ik uitmaakt. Daarentegen zien zij het zuivere gewaarzijn aan voor het ware ik.

Vanuit dit perspectief gezien heeft het zin dat men niet zou moeten denken. Nu is het echter dat zich dit afspeelt binnen het weten. Want juist deze gewaarzijns ervaring heeft immers weet van zijn eigen bestaan, tenminste dat veronderstelt ze. Echter,- juist dit weten is illusionair. "Ik ben mijzelf gewaar", is de illusie. "Ik ervaar mijzelf" is de droom.

Daarom schrijft meester Eckhart dat men noch weet moet hebben van zichzelf, noch van God. Ieder weten is illusionair omdat ieder ervaren illusionair is. God, ofwel hetgeen schijnbaar gebeurt ervaart zichzelf niet. Het is dan wel het zelf, weet echter niet af van zichzelf. Afgezien van alle ideeën daarover, dat men zijn ware zelf zou kunnen vinden en kennen, of dat men God zou kunnen waarnemen of zelfs ervaren maken deel uit van de droom. Ook de gedachte dat men zich als Goddelijk gewaarzijn kan kennen en ervaren is illusie. Evenmin bestaat er een ik, noch een God, noch welke aard van weten ook.

V: Eens niets te hoeven ervaren stel ik mij voor als heel ontspannend.

A: Hoe dat is, is onvoorstelbaar. 'Ik ben' wil zeggen 'te ervaren'. Het einde van de gescheiden realiteit is het einde van de illusie van de ervaring. Er bestaat daarin geen weten of kennen. Maar aangezien er nu eenmaal niemand aanwezig is, wordt er nu eenmaal niets werkelijk geweten.

V: Als jij het zegt, ik ondervind het anders.

A: Dit 'ik' dat gelooft zichzelf en de wereld te kennen is zonder substantie. Deze hele aanwezigheids - wereld bestaat niet. Het 'ik' is immers al zonder substantie. Er is niemand aanwezig.

Dit iets

"Alles wat ooit uit God is voortgekomen, wijst naar een zuivere werking. De aan de mens toebedeelde werken zijn echter: lief te hebben en te kennen. De vraag is nu, in welke hiervan in het bijzonder is deze zegen terug te vinden? Sommige meesters hebben gezegd, het bevind zich in de liefde, anderen zeggen ze bevindt zich in de kennis. Weer anderen zeggen ze bevindt zich in de liefde en in kennis, en die treffen het al beter. Wij zeggen echter dat zij evenmin in kennis noch in de liefde ligt; er bestaat veeleer een iets in de ziel, van waaruit zowel kennis als liefde stromen; het zelf kent en heeft niet lief zoals de krachten van de ziel dit doen. Wie dit iets leert kennen, herkent waarin de zegening zich bevindt. Het heeft evenmin ervoor noch erna, en het wacht op niets wat komen gaat. Want het kan noch iets winnen noch verliezen, daarom is het is van ieder weten ontnomen dat God hierin aan het werk is. Het is veeleer het zelf dat geniet gelijkerwijs als God dit doet."[10]

∞

V: In de Hindoeïstische spiritualiteit zijn er twee wegen naar bevrijding; aan de ene kant liefde en overgave en aan de ene kant de weg van kennis.

A: Ja, dat klopt, de Bhaki-weg is de weg van overgave

en de Jnani-weg is de weg van kennis. Soms worden beide ook verbonden.

V: Raad je dat aan?

A: Nee, er bestaat geen weg. Het is de schijnbare persoon die veronderstelt zich op een weg te bevinden. Beide benaderingswijzen zijn deel van de droom. De veronderstelling, het gaan van een af te leggen weg terug naar God, komt voort uit de beleving van afzondering. Beide methoden spelen met de gedachte dat zij ervaringen voortbrengen die goed aanvoelen.

In de weg van overgave bestaan er indrukwekkende ervaringen van liefde en eenheid. Ze geven de zoeker de indruk op de juiste weg te zijn. Bij het idee van bevrijding hoort immers de voorstelling dat het draait om de absolute positieve ervaring. Hetzelfde gebeurt op de schijnbare weg van de kennis. Iedere schijnbare realisatie gaat gepaard met het gevoel iets te hebben bereikt. Dat versterkt de indruk voortgang te boeken op de af te leggen weg.

Dit alles is deel van de droom, in het ontpoppen van de illusie als illusie valt de beleving te zijn afgezonderd uiteen, en daarmee als vanzelf het idee betreffende een weg en een benaderingswijze. Dat wat is kan niet worden 'geweten', omdat het niet-iets is. Dat wat is, kan niet worden geliefd, omdat het liefde is. Overgave en kennis gaan op in de natuurlijke realiteit welke liefde en vanzelfsprekendheid is. De natuurlijke realiteit is precies dat wat schijnbaar gebeurt.

V: En dat wat schijnbaar gebeurt is volledig?

A: Ja, dat is het. Het wacht nergens op en het heeft niets nodig. In deze zin is het op natuurlijke wijze volledig. Het komt zelfs helemaal niet op het idee dat er iets zou kunnen ontbreken. Daarom kan het niets zoeken. Dat wat is, is blind en gezegend zichzelf. Het kan daar geen bevestiging van geven omdat het reeds zo is.

V: Het klinkt echter veelbelovend waar Meester Eckhart schrijft dat vanuit dit iets zowel 'erkenning als liefde stromen'. Blijkbaar is er dan immers toch iets te ervaren?

A: Ik weet niet wat hij daarmee bedoelde. Maar het zou een beschrijving kunnen zijn voor wat in deze gesprekken plaatsvindt: waarnaar wordt verwezen is de natuurlijke realiteit. Schijnbaar wordt hier kennis overdragen en ook liefde ervaren. Gelijktijdig echter kent het zichzelf niet en ervaart zichzelf ook niet als liefde. In schijnbare bevrijding schijnt zich de energie om te draaien: terwijl de zoekende energie voortdurend iets nodig heeft of wil bezitten - liefde en kennis bijvoorbeeld -, schijnt deze energetische dynamiek in bevrijding weg te vallen. De energie begint zelfs weg te stromen. Dit zou daarmee bedoeld kunnen zijn wanneer hij zegt 'kennis en liefde stromen uit', echter; 'het zelf kent en heeft niet lief zoals de krachten van de ziel'. Gezien er niets meer is afgezonderd blijft enkel de natuurlijke realiteit.

V: Hij schrijft: wie dit iets leert kennen, herkent waar de zegening zich in bevindt.

A: Niemand zal en kan deze zegening leren kennen. Er is geen weg naar toe en geen persoon die in deze zegening aankomt. Desalniettemin is de natuurlijke realiteit datgene in welke de ervaring van liefde en van kennis samenvallen. Het is het einde van de illusie dat er iemand is die ervaart.

V: Er bestaat geen ervarende… is er op zijn minst ervaring?

A: Ik zou dit niet zo zeggen. Voor mij hoort het proces van ervaringen en iets dat ervaart bij elkaar. Ook wanneer de persoon vastbesloten is ervaring als iets onpersoonlijks te zien, blijft het een meegemaakte realiteit: iets dat werkelijk schijnt te gebeuren. Vanuit het standpunt van de schijnbare persoon is dat zinvol, want het ervaren is immers zijn realiteit. De ervaring wordt schijnbaar gekend en beleefd.

V: Maar in werkelijkheid bestaat er geen ervaring?

A: Er is geen ervaring.

V: Maar er bestaan gedachten en gevoelens? Of misschien

ook niet?

A: Schijnbaar zijn die er. Schijnbaar 'ervaart' het lichaam gedachten en gevoelens. Het lichaam ervaart deze niet werkelijk, het leeft eenvoudig. Daarbij denkt het, voelt het, ziet, hoort, ruikt, gaat en staat, maar ervaart dit niet vanuit een afgezonderd standpunt. Dit is wat ik bedoel als ik zeg dat er geen ervaring is.

V: ik beleef mijzelf echter als heb ik ervaringen!

A: Zich als ervarend te beleven is illusionair.

V: Omdat ik zelf immers niet besta, en ook niemand anders?

A: ja precies, er is niets dat ervaart.

V: Dan is er waarschijnlijk ook niets dat ervaren zou kunnen worden…

A: Ja, er is geen kenbare of te ervaren realiteit.

V: Dan heeft er waarschijnlijk ook nooit een Meester Eckhart bestaan…

A: En ondanks, of juist daarom werd hij aangeklaagd en veroordeeld…

Eén zien, één weten, één liefde

"De man die verblijft in de wil van God, wil niets anders dan wat God is en wat hij wil. Als hij ziek zou zijn, zou hij niet wensen beter te worden. Als hij werkelijk verblijft in Gods wil, is alle lijden een vreugde voor hem, iedere complicatie eenvoudig: ja zelfs de pijnen van de hel zouden voor hem een vreugde zijn. Hij is vrij, heeft zichzelf achtergelaten en moet vrij zijn van alles wat hij heeft ontvangen. Indien mijn oog kleur moet kunnen onderscheiden, moet het zelf vrij zijn van iedere kleur. Het oog waarmee ik God zie, is hetzelfde oog waarmee God mij ziet. Mijn oog en Gods oog is één oog, en één zien, en één weten en één liefde."[11]

∞

De verassing is dat het al in harmonie en volledig is. Het hoeft echter niet goed of aangenaam te zijn, alles heeft zijn eigen onkenbare smaak van compleetheid en harmonie. Natuurlijk is deze harmonie voor niemand, gezien juist het zelf gelijk is aan deze heelheid waarover hier wordt gesproken. Niets geeft, voegt iets toe of verbetert iets - het is immers dit alles al. Dat er geen onderscheid is met dat wat God is, betekend dat er niets buiten deze heelheid is. Alles (letterlijk alles!) is zichzelf, onverdeeld, enkelvoudig, ongebonden, heel en reeds volledig.

Over Meester Eckhart

Meester Eckhart (ook Eckehart, Eckhart von Hochheim; 1260 geboren te Hochheim of in Tambach; voor 30 april 1328 in Avignon overleden), was een invloedrijk Thürings theoloog en filosoof uit de middeleeuwen.

Hij veroorzaakte opschudding met zijn onconventionele, deels provocerend geformuleerde uitspraken, die sterk in tegenspraak stonden met de destijds gangbare overtuigingen.

Na jarenlang werkzaam te zijn geweest in dienst van de orde, werd Meester Eckhart pas in zijn laatste levensjaren wegens ketterij (dwaalleer, of afwijking van de rechtzinnigheid) beschuldigt en aangeklaagd. Meester Eckhart stierf echter nog voor het eind van het tegen hem begonnen proces.

Omdat hij zich aan het oordeel van de paus had onderworpen, ontging hij als persoon een classificatie als ketter, maar paus Johannes XXII veroordeelde enige van zijn uitspraken als dwaalleer en verbood de verspreiding van de uitgaven die deze bevatten. Desondanks is Eckharts gedachtengoed van aanzienlijke invloed geweest op de laat middeleeuwse spiritualiteit in het Duitse en Nederlands domein.[12]

1. O'C Walshe, Maurice (2009): The Complete Mystical Works of Meister Eckhart. Pearl River, NY: Herder & Herder, The Crossroad Publishing Company, p. 425, emphasis in original. URL: https://philocyclevl.files.wordpress.com/2016/10/me ister-eckhart-maurice-o-c-walshe-bernard-mcginnthe-complete-mystical-works-of-meister-eckhart- the-crossroad-publishing-company-2009.pdf (12/19/2021), vertaald door Wim Snijders.
2. Ibid, p. 26., vertaald door Wim Snijders.
3. Ibid, p. 462., vertaald door Wim Snijders.
4. Aphorismen.de – Aphorismen, Zitate, Sprüche und Gedichte, URL: https://www.aphorismen.de/zitat/16008 (05/01/2021), vertaald door Wim Snijders.
5. Aphorismen.de – Aphorismen, Zitate, Sprüche und Gedichte, URL: https://www.aphorismen.de/zitat/64091 (05/01/2021), vertaald door Wim Snijders.
6. O'C Walshe, Maurice (2009): The Complete Mystical Works of Meister Eckhart. Pearl River, NY: Herder & Herder, The Crossroad Publishing Company, p. 464–465. URL: https://philocyclevl.files.wordpress.com/2016/10/me ister-eckhart-maurice-o-c-walshe-bernard-mcginnthe-complete-mystical-works-of-meister-eckhartthe-crossroad-publishing-company-2009.pdf (12/19/2021), vertaald door Wim Snijders.
7. Quint, Josef [Hrsg.] (1979): Meister Eckehart: Zürich: Diogenes, S. 450, vertaald door Wim Snijders.
8. Quint, Josef [Hrsg]: Meister Eckehart, 1979. S. 451., vertaald door Wim Snijders
9. O'C Walshe, Maurice (2009), URL: https://philocyclevl.files.wordpress.com/2016/10/meister-eckhart-maurice-o-c-walshe-bernard-mcginn-the-complete-mystical-works-of-meister-eckhart-the-crossroad-publishing-company-2009.pdf (19.12.2021), vertaald door Wim Snijders
10. Ibid, p. 422, vertaald door Wim Snijders.
11. Wikipuote, URL https://en.wikiquote.org/wiki/Meister_Eckhart,
12. Meister Eckhart, Wikipedia article (excerpt), URL: https://de.wikipedia.org/wiki/Meister_Eckhart (05/01/2021), vertaald door Wim Snijders.

Over Andreas Müller

Andreas werd in 1979 in Ludwigsburg geboren. Na enige jaren van spiritueel zoeken ontmoette hij in 2009 Tony Parsons.

"Eerst was ik gechoqueerd, hoewel ik al veel wist en had beleefd was dit iets nieuws en onverwachts. Plotseling hoorde ik, zonder reden, wat Tony zei. Als snel was het onweerlegbaar: daar is niemand."

Sinds 2011 geeft Andreas lezingen en retraites over de hele wereld.

www.thetimelesswonder.com

Met dank aan

Meester Eckhart

Wim Snijders

Nadine Reichmann

Dietmar Bittrich

Tony & Claire Parsons

Mijn familie